GUÍA PRÁCTICA PARA EQUILIBRAR TU CASA

FENG SHUI

(VIENTO-AGUA)

GUÍA PRÁCTICA PARA EQUILIBRAR TU CASA

FENG SHUI

(VIENTO-AGUA)

Dr. Marco Antonio Garibay Morales

Grupo Editorial Tomo, S. A. de C. V.
Nicolás San Juan 1043
03100 México, D. F.

1a. edición, mayo 1998.
2a. edición, octubre 1998.
3a. edición, abril 1999.
4a. edición, mayo 2000.
5a. edición, marzo 2002.
6a. edición, noviembre 2002.

Nicolás San Juan 1043, Col. Del Valle
03100 México, D.F.
Tels. 5575-6615, 5575-8701 y 5575-0186
Fax. 5575-6695
http://www.grupotomo.com.mx
ISBN: 970-666-040-2
Miembro de la Cámara Nacional
de la Industria Editorial No 2961

Diseño de portada: Emigdio Guevara.
Supervisor de producción: Leonardo Figueroa

Impreso en México - *Printed in Mexico*

INTRODUCCIÓN

El Feng Shui te ofrece un método para vivir la vida en una armoniosa relación con la tierra, con la naturaleza y con la energía que de ella emana. La práctica de esta ciencia, puede ayudar a tu buena fortuna en muchas áreas de tu vida, incluyendo las relaciones familiares, tu trabajo y tu situación económica.

Hay muchas maneras de acercarse al Feng Shui. En este libro te mostraremos, de una manera muy general, todos los beneficios que te puedes dar al vivir en armonía con la naturaleza.

Los chinos han sido una cultura creciente y floreciente a lo largo de los años. ¿Te has preguntado el por qué? Bueno, una de las principales razones, es su amplio estudio de la naturaleza y de las energías que nos da a los seres humanos. Si logramos aprender a equilibrar el *Yin* y el *Yang*, y a conocer el medio que nos rodea, así como el uso de ciertos elementos en nuestro favor, lograremos vivir con salud y felicidad. Todo esto, y más, es el Feng Shui.

El libro que tienes en tus manos, hará que tu vida cambie. No dejes que miles de años de conocimiento oriental quede sin uso alguno. Aprovecha este maravilloso arte y aprende a ser feliz.

¿QUÉ ES EL FENG SHUI?

El Feng Shui, o ciencia del "viento y de agua", es la práctica geomántica china que localiza o crea lugares ideales para vivir, trabajar o morir.

El misionero cristiano del siglo XIX, E. J. Eitel, comenta que los chinos veían a la naturaleza como un organismo vivo que respira, y no como algo inanimado o muerto. La concepción china acerca de la fuerza terrestre era muy importante. Pensaban que esta fuerza se movía a través de canales en el suelo, a los cuales llamaban *Lung Meí* (senderos del dragón). Estos senderos eran divididos en dos categorías: *Yin* y *Yang*, femenino y masculino, y eran simbolizados por un tigre blanco y un dragón azul.

Templos, hogares, tumbas y sedes del Gobierno eran edificados de acuerdo a las invariables patrones y principios del Feng Shui, pues era de vital importancia construir los edificios sagrados o imperiales en lugares donde se encontrara un equilibrio adecuado entre ambos principios que se manifiesta en el *Chi* (aliento cósmico), que también figura en la acupuntura china.

La belleza y armonía que observamos en los paisajes chinos no son obra de la casualidad. Sus antiguas ciudades se encontraban rodeadas de murallas que las protegían de enemigos o invasores de influencias malignas. Los leones de piedra o los dragones de arcilla colocados en los aleros y dinteles, les permitían una circulación uniforme y equilibrada de las fuerzas positivas y negativas.

Las grandes pagodas eran construidas en lugares geománticos como si se tratara de enormes agujas de acupuntura. Éstas, intentaban perforar los puntos más sensibles del paisaje, así como de neutralizar el *Sha Chi* (aliento de la desgracia). Teniendo en cuenta estos principios, los chinos planificaron la Ciudad Prohibida en Pekín, y la Colina Hueca, las cuales fungen como puntos centrales de la geometría sagrada china.

John Michell, gran experto en esta ciencia, nos menciona que todas las sierras del sur de la Gran Muralla China forman un gran dibujo, resultado de miles de años de prácticas geománticas. Sus orígenes, se le atribuyen al emperador Yu, quien gobernó en el año 2000 a.C., y a quien Confucio se refería como el "que dominó las grandes inundaciones".

El Feng Shui intentaba favorecer el *Chi*, y la tarea del geomante era lograr la armonía de todos los elementos del paisaje. Es por esto que, el geomante debía de tener enormes conocimientos en filosofía, medicina, geología, arquitectura y en las leyes del Tao. Su trabajo era armonizar las fuerzas naturales que emanan del cielo y de la tierra, garantizando la prosperidad de toda la comunidad que ahí se asentara.

Para llevar a cabo su trabajo, se valía de un complicado conjunto de reglas, las cuales determinaban cómo influían todos y cada uno de los factores. Además, para realizar su trabajo usaba instrumentos casi mágicos como la brújula geomántica, *Luo Pan*, una aguja magnética suspendida en el centro de un disco dividido en más de 30 anillos, los cuales encerraban todos los elementos de la cosmogonía china: los puntos cardinales, los cinco elementos, calendario solar y lunar, el zodiaco, los planetas, sistemas numerológicos e incluso hexagramas del *I Ching*.

Con todo esto, escogía el lugar adecuado para empezar la construcción de algún edificio o de una comunidad completa, y a partir de ese momento, la suerte de ésta, quedaba ligada a él para siempre.

El Feng Shui fue desterrado de manera oficial en China a partir de la revolución Maoísta, pero sigue vigente y floreciendo en lugares como Hong Kong, Taiwan, Malasia y Singapur. En estos lugares, todavía es muy común la contratación de geomantes para garantizar la buena fortuna de bancos, oficinas y casas.

EL YIN Y EL YANG EN EL FENG SHUI

Al igual que cualquier creencia, tradición, práctica cultural o superstición china, el Feng Shui está basado en el principio de dualismo. El *Yin* y el *Yang* son, respectivamente, los principios negativos y positivos que gobiernan toda la existencia humana. Estas fuerzas son opuestas, y aun combinadas, simbolizan la armonía perfecta.

Todo lo que encontramos en el universo, contiene diferentes grados de *Yin* y *Yang*. Si observamos detenidamente su símbolo universal, podremos observar como hay un poco de *Yin* en el *Yang* y viceversa. Esto explica como las dos fuerzas, aunque antagónicas, siempre interactúan una sobre la otra, pero siempre buscando la perfecta armonía.

Juntos el *Yin* y el *Yang* constituyen el Tao (El Camino), el eterno principio de Cielo y

Tierra en armonía, la vida y el aliento del universo, al cual se le llama Chi.

Como es sabido, el *Yin* y el *Yang* dependen el uno del otro, dando significado a la existencia del hombre. Pensemos que si no existiera la oscuridad, no habría luz; sin muerte, no existiría la vida; si no hubiera estancamiento, no habría movimiento.

Si aplicamos el *Yin* y el *Yang* al Feng Shui, traeremos balance y armonía, lo cual, nos dará prosperidad y fortuna. No obstante, si las fuerzas no son equitativas y tenemos más *Yin* que *Yang*, o viceversa, el equilibrio dejará de existir y esto nos traerá mala fortuna o desgracia.

El *Yin* y el *Yang* simbolizan varios aspectos del universo, y han sido utilizados por filósofos chinos para representar sentimientos, emociones, carácter y comportamiento en el hombre.

El *Yin* representa la luna y el lado más desesperado de la naturaleza humana. Por su parte, el *Yang* simboliza el cielo, el vigor y la energía positiva. Es, también, duro, fiero y caliente; inclusive movimientos, números positivos y la vida misma es el *Yang*. Es el dragón en el Feng Shui, y representa montañas. Edificios de enorme altura, estructuras largas y el ruido, crean la energía del *Yang*.

El *Yin* simboliza la tierra, la luna, la oscuridad y la energía negativa. Gobierna lo frío, lo suave, la muerte y los números negativos. Es el tigre en el Feng Shui. Valles, arroyos y agua tienen cualidades del *Yin*. Panteones, lugares de trabajo y terrenos baldíos emanan energía *Yin*.

El *Yin* y el *Yang* actúan constantemente, creando siempre el cambio. Así pues, el verano da paso al invierno, y éste, da paso al verano nuevamente. Al día, sigue la noche, la luna da su lugar al sol, la oscuridad se convierte en luz...

Las fuerzas del *Yin* son más poderosas durante el frío invierno, cuando la oscuridad prevalece por mayor tiempo; y lo mismo pasa con el *Yang* cuando llega el verano, pues con él llegan días más largos en cuanto a la iluminación, florecen las plantas y árboles y el sol brilla en todo su esplendor.

A continuación, presentaremos una tabla con las características generales del *Yin* y del *Yang* :

ATRIBUTOS YIN/YANG

Yin es oscuridad	Yang es la luz
Yin es femenino	Yang es masculino
Yin es pasivo	Yang es activo
Yin es la luna	Yang es el sol
Yin es la lluvia	Yang es el brillo del sol
Yin son los números negativos	Yang es el neutral
Yin es la tierra	Yang es el cielo
Yin es el agua	Yang son las montañas
Yin es el invierno	Yang es el verano
Yin es el frío	Yang es el calor
Yin es el tigre	Yang es el dragón

Dentro del Feng Shui, el *Yin* y el *Yang* se manifiestan en nuestro entorno, es decir, el lugar en donde comemos, en donde dormimos y en donde trabajamos. Si nuestro entorno muestra un balance entre las dos energías, las fuerzas están equilibradas y tendremos buena fortuna, salud y bienestar; si no es así, debemos de trabajar en ello.

Si logramos entender y balancear el *Yin* y el *Yang* en nuestras vidas, lograremos equilibrar todas las fuerzas y energías que se presenten ante nosotros, así como las que ya tenemos. Por eso, no te preocupes si tienes mala suerte, seguramente el balance en tu vida no es correcto. Trata de equilibrar fuerzas y verás como la mala suerte se convierte en buena fortuna.

Teniendo en cuenta todo lo anterior, debemos saber que el Feng Shui tiene dos dimensiones sumamente importantes: una dimensión de espacio (la cual concierne al contorno físico), y una dimensión de tiempo (que se refiere a las fuerzas cambiantes en la atmósfera, causada por el paso del tiempo).

Y debido a que las fuerzas intangibles que determinan el balance ambiental están siempre en constante cambio, los que practicamos el arte del Feng Shui debemos estar siempre alertas a este tipo de alteraciones, que pueden ser causadas por el mismo hombre o por otro tipo de fenómenos naturales.

Por lo anterior, debemos tener en cuenta que el Feng Shui no es una ciencia estática. Requiere de una constante adaptación y práctica de nuestra parte.

¿CÓMO APROVECHAR EL FENG SHUI EN NUESTRAS VIDAS?

Muchos de nosotros nos hemos preguntado alguna vez ¿cambiará mi suerte si pinto de otro color las paredes de mi casa?, ¿descansaré mejor si mi cama la coloco en otra posición?, ¿podré estar más tranquilo si pongo plantas verdes en mi sala? El Feng Shui puede contestarte a estas preguntas con un rotundo ¡SÍ! La colocación estratégica de plantas, espejos, camas y colores en las habitaciones, pueden fomentar una mejoría en tu salud, armonía y amor.

El Feng Shui, una combinación de ciencia y arte que tiene que ver con el acondicionamiento de los espacios y con la forma en que nos mostramos nosotros mismos al universo, llegó hace no mucho al mundo occidental, logrando un tremendo impacto entre las personas que lo iban conociendo.

En el mundo occidental, el Feng Shui era conocido como geomancia, es decir, la disposición de las viviendas para la mayor comodidad de la mente y del cuerpo. No obstante esta concepción, que es acertada hasta cierto punto, el Feng Shui es mucho más, pues profundiza en astrología y otros aspectos psíquicos, ocupándose no sólo de los hogares y oficinas, sino que también de lo concerniente a la forma y tipo de edificio, orientaciones en los caminos y esquinas de todas las ubicaciones que pueden influir en el cambio del destino de las personas en el cosmos.

Hace más de 4000 años que los chinos observaron cómo algunas áreas eran más afortunadas que otras. Y escogieron lugares cerca de las montañas guardavientos, de los valles fértiles y de las aguas tranquilas para construir casas, negocios y ciudades. El Feng Shui se traduce como "viento y agua", y si logras aprovechar el viento y canalizar el agua, seguramente tu familia disfrutará de buena salud, felicidad y prosperidad.

El elemento principal en el Feng Shui es el flujo de energía o *Chi*, y su objetivo central es crear una casa, edificio o negocio donde la energía adecuada fluya a través de las formas balanceadas, creando, por lo tanto, un balance apropiado de energía en la persona que lo habita.

El *Chi* atmosférico moldea el *Chi* humano, y debe de fluir con suavidad, balanceado y cerca de una persona para mejorar su *Chi*. Si con el que cuenta actualmente es demasiado fuerte o débil, puede tener efectos negativos.

Es lógico pensar que el balance de energías en casas, edificios o negocios hace 4000 años era mucho más sencillo que en la actualidad, sobre todo, cuando las personas encargadas de edificaciones se ven en la obligación de aprovechar cualquier espacio y todo tipo de opciones que se les presenten.

Hubo una época en la que los planificadores del Feng Shui consultaron las cartas astrológicas o las enseñanzas chinas tradicionales como el *I Ching* para construir casas con jardines o alinear habitaciones. Es por esto que podemos ver como construcciones como el Taj Majal, las pirámides de Egipto y la ciudad de Hong Kong, fueron diseñadas de acuerdo con las rutas astrológicas.

Actualmente, los arquitectos, y en especial los que trabajan en grandes proyectos y enfrentan mayores retos, intentan hacer lo mismo; tratan de interpretar la Tierra y el medio en el que nos encontramos, con el fin de darnos la mayor comodidad y armonía posible, intentando buscar la forma más adecuada de mover esta energía o *Chi*.

Rossbach y S. Pietro, estudiantes del practicante chino Lin Yun (conocedor de la *Escuela del Sombrero Negro* de Feng Shui), son los que trajeron este arte a occidente.

Naney S. Pietro, originaria de Brooklyn, Nueva York, era una terapeuta que, al ver cómo sus pacientes mostraban cambios positivos en su vida mediante el Feng Shui, pronto impulsó el conocimiento de esta ciencia entre la mayoría de sus pacientes. S. Pietro considera que la entrada y el cuarto donde dormimos, son las áreas más importantes de la casa. Dice que como el *Chi* entra a la casa a través de la puerta principal, lo más conveniente es tener una que no sea muy estrecha, pues la clave es siempre el balance.

Si la puerta es demasiado estrecha y obstaculiza el flujo de energías, y no hay posibilidad de hacerla más ancha, se puede corregir esta deficiencia si colocamos estratégicamente espejos. Con esto, atraeremos más energía y crearemos espacios más amplios. Este tipo de decoración —con espejos—, se puede ver actualmente, y a través de los años, en muchos restaurantes y pequeñas alcobas, donde podemos observar una pared completa con espejos, dando un efecto de mayor amplitud en la habitación donde se colocan. Otra de las formas de mantener una abundante energía, puede ser el colocar plantas a ambos lados de la entrada. ***(Más adelante, profundizaremos en técnicas para "curar" o activar las diferentes zonas de la casa u oficina).***

Al igual que el orden que debe prevalecer en todo lugar —casa o negocio—, los colores de las habitaciones influyen mucho sobre el amor y la salud, especialmente en la alcoba. Se sugieren constantemente en el Feng Shui colores verde agua, claros, melocotones o colores cálidos. El color blanco no es uno de los adecuados para la recamara, pues es un color de tristeza y recuerda constantemente un cuarto de hospital. Si cuentas con losetas o alfombras blancas, utiliza tapetes de colores vivos para compensarlo.

CONSEJOS BÁSICOS

A continuación, te daremos unos consejos muy sencillos para que puedas balancear el Feng Shui en tu casa y en tu oficina:

LA CASA:

¤ Mantén la puerta principal, por donde entra la energía, limpia y sin nada que la obstruya (herramientas, enredaderas o juguetes).

¤ Todas las habitaciones de tu hogar deben estar en perfecto orden. Recuerda que el desorden roba energía.

¤ Los muebles deben de ser proporcionales al tamaño de las habitaciones. Un cuarto pequeño que cuente con muebles grandes dejará escapar la energía; si por el contrario, tienes habitaciones muy grandes y muebles pequeños, habrá energía de más en la habitación.

¤ Haz uso de los colores para balancear el *Chi*. Los colores naturales le dan calor y tranquilidad a las habitaciones.

¤ Las habitaciones deben de ser claras, sin vigas opresivas. Los cuartos de la casa deben tener flores y plantas para crear una atmósfera de paz.

¤ Coloca también plantas en la entrada de tu hogar, así como en toda la casa, pues ellas traen una energía saludable.

LA OFICINA:

¤ Coloca tu escritorio de manera que tu espalda quede contra la pared para que pueda servirte de apoyo. Colocar un librero detrás del escritorio puede ser bueno si te dedicas a la investigación o a escribir.

¤ El escritorio debe de estar esquinado con respecto a la puerta en un ángulo de 45 grados y alineado de manera recta. Así, se podrá ver a las personas que entran.

- Procura que las ventanas estén en ángulo recto con tu escritorio para que no se escape tu energía o la de tu visitante por la ventana.
- No pongas tu escritorio debajo de una viga baja o de un cielo raso demasiado inclinado porque puede resultar opresivo.
- Coloca plantas verdes cerca de la entrada. Ellas darán la bienvenida a tus visitantes y harán que la energía fluya por toda la oficina.

EL PODER DE LOS COLORES

El estudio de los colores, la cromología, es un arte y una ciencia. Todos conocemos de su influencia en las manifestaciones artísticas y estéticas, incluyendo el vestuario y el maquillaje. Por lo que se refiere a las ciencias, los químicos estudian los colores con respecto a tintes, pigmentos y fijadores. En lo que toca a la física, los colores son estudiados con referencia a la luz y al espectro. La psicología también estudia los colores, pero ella lo hace en base al efecto que éstos causan sobre el individuo, sus reacciones y su comportamiento; y no sólo lo hacen en el nivel consciente, sino que también intentan llegar al subconsciente. Por lo que toca a la fisiología, también se ha logrado establecer una relación entre el funcionamiento del cerebro y la percepción de los colores por medio de los ojos, y cómo sus funciones se ven afectadas por las diversas percepciones de los colores.

En el mundo de la parapsicología, los colores adquieren diversos valores. En algunos casos, el significado de éstos no varía demasiado con respecto a la de los colores psíquicos vibratorios.

¿Por qué los colores ejercen una fuerza vibratoria en las personas? Por la simple razón de que los colores son una forma de luz, y ésta es transmitida a través de impulsos vibratorios que, a su vez, no son más que manifestaciones de energía cósmica. Todo lo que se encuentra dentro del universo material está vibrando y manifestándose en una forma dinámica, afectando a otras formas entre sí. No obstante, los colores pueden ser de distintos significados y valores, dependiendo de la ciencia que los estudia. De igual manera, estas valorizaciones cambian con respecto a la cultura. Sin embargo, se ha establecido un patrón básico, estable y definido.

Por ejemplo, el color amarillo en algunas pruebas psicológicas manifiesta depresión; pero en el plano astral es un color lleno de energía positiva. Es por esto que hay un tratado colorológico para cada área que deseamos usar. En este tratado, hay una línea muy definida que amalgama a todos los colores con una explicación muy íntima y oculta. Una vez que ubiquemos perfectamente esta línea, la deberemos de aprovechar para: a) influir sobre los demás; b) mejorar nuestra posición económica; y c) llevar a cabo cambios en nuestra salud mental.

En las ciencias místicas, el usar colores es algo fundamental, pues en ello está la llave secreta de muchas puertas ocultas. Cada color, al igual que cada nota musical, tiene sus propias cualidades armónicas, existiendo entre cada una de ellas una relación muy especial e intrincada.

Estas relaciones pueden pasar inadvertidas a simple vista, pero inconscientemente, los colores están influyendo en las personas, proyectando sensaciones en forma persistente y definida. Y no importa que no se puedan explicar de manera clara o definida los mensajes que el subconsciente está recibiendo con lo colores, el caso es que se proyectan y llegan a nosotros, aunque no lo deseemos.

Para lograr descubrir los misterios del color, muchos científicos se han abocado a explorar por muchos años la naturaleza de la luz. Así, lograron entender que la luz "blanca", al igual que la luz solar, pueden formar los colores del arco iris, y que éstos a su vez, pueden combinarse entre sí para formar nuevamente la luz "blanca".

También se descubrió que las distintas formas de los colores de la luz difieren de los colores de una fruta, una pintura o un vestido, y se llegó a la conclusión de que hay dos formas de estudiar los colores: una, investigando las cualidades de los distintos colores, por ejemplo, tal y como aparecen en una pintura; y la otra, es en la forma en que el ser humano ve los colores.

La intuición es algo muy importante para poder entender este fenómeno. Es por esto que no debemos de restar importancia a nuestras preferencias por algún color en particular. Se ha podido comprobar que hay cierta armonía entre nuestro espíritu y nuestro color favorito, siendo esto la causa de esa atracción tan misteriosa.

Todos tenemos un color favorito, aunque en ocasiones evitemos que salga al reprimirlo subconscientemente por algún motivo desconocido. En este caso, cuando tenemos cierta preferencia por cualquier color —aunque no sea nuestro favorito—, seguramente se debe a que este color armoniza con nuestro estado mental actual.

Para ejemplificar lo anterior, podemos mencionar que si sentimos cierta inclinación por el gris o hacia el castaño y sus tonos derivados, seguramente estaremos en un estado nostálgico, triste o depresivo. Si es el rojo el color seleccionado, nuestro estado de ánimo será alegre o de inquietud y deseo sexual. Si el verde es el color de nuestro agrado, quizá estemos recuperando energías perdidas.

Los científicos dedicados al estudio de la cromología, nos indican que la selección de colores en cada ser humano se hace de manera intuitiva. Por ejemplo, si no te gusta el color amarillo, el rojo, el verde o cualquier otro color, ¿te has preguntado la causa?...

Si lográramos estar más atentos o estudiáramos más sobre los colores, descubriríamos muchas cosas sobre la personalidad de la gente, así como el papel decisivo que cada color juega en nuestras vidas.

Otro punto muy importante en la cromología es que, desde hace miles de años, astrólogos y colorólogos descubrieron cómo los astros y los colores tenían extraños poderes vibratorios que afectaban a los que caían bajo sus influencias. Es por ello que se le asignó un número a cada color para poder estudiarlos mejor. Los colores y sus respectivos números son los siguientes:

1 = NEGRO o BLANCO

2 = AMARILLO

3 = PÚRPURA

4 = NARANJA

5 = AZUL

6 = VERDE

7 = GRIS

8 = CASTAÑO

9 = ROJO

**** En esta lista, el dorado equivale al naranja y el plateado al gris.***

Una vez que logremos saber cuál es nuestro color favorito, también sabremos cuál es nuestro "número oculto". Si nuestro color favorito es una mezcla de colores, también lo será nuestro número. Por ejemplo, el color rosa es una combinación del blanco y el rojo, entonces, nuestro número será el 10, puesto que si sumamos 9 (rojo) +1 (blanco), el resultado será 10.

Una vez que conocemos esto, pongamos en práctica la ciencia de los colores. Intenta decidir cuál es tu color favorito y acéptalo como tu color vibratorio, el que mejor pueda influir en tu medio ambiente. Este color vibratorio será tu color íntimo, personal y magnético. Como cada color tiene sus variaciones de tonalidad, será posible cambiar las vibraciones y la personalidad dentro de la esfera de influencia de tu propio color.

A continuación, haremos un análisis de los colores básicos:

NEGRO:

Si este es tu color favorito, ten mucho cuidado al usarlo. Trata de combinarlo con otro más armonizante, ya que puede traerte vibraciones de soledad, aislamiento y silencio. La persona con este color, puede ser muy dinámica, orgullosa, pero siempre va a exigir un respeto. Es un color muy formal, y contrario a lo que se piensa, posee vibraciones de carácter positivo, aunque se trate de un color muy intenso.

BLANCO:

Este color siempre se ha caracterizado por las vibraciones claras, positivas y puras. La luz blanca en las meditaciones es siempre una de las más recomendables. Expresa paz, sosiego, armonía, calma y equilibrio. Las personas que vibran bajo este color, se caracterizan por contar con cualidades psíquicas que pueden desarrollar en el futuro. Sin embargo, también puede tratarse de una persona muy exigente, que presta demasiada atención a los detalles. Este color es limpio y neutral.

AMARILLO:

Si el color naranja es el color de la inteligencia, el amarillo es el de los intelectuales. En este color existe un dinamismo creativo con una energía tan poderosa como la del naranja, y en ocasiones, mayor. Este es el color del Sol. Los místicos del Lejano Oriente lo utilizaban para alejar el mal y elevar a los espíritus oscuros.

Tal vez esta sea la razón por la cual el amarillo y el dorado hayan sido siempre el color favorito de la realeza en las antiguas civilizaciones.

PÚRPURA:

Las personas que prefieren este color, generalmente manifiestan habilidades para el estudio y la disciplina. También, suelen tener bien establecidas sus metas en la vida. No obstante, las personas bajo este color, suelen dar poca importancia a situaciones delicadas como enfermedades o problemas con los demás. Este color tiene vibraciones positivas. Si lo usas constantemente en tu vestir, manifestarás seriedad en tu trato.

NARANJA:

Este color es pura energía y el más dinámico del espectro. Las personas bajo este color suelen ser de grandes aspiraciones, autosuficientes y orgullosas. Si este color es utilizado constantemente en nuestro vestir, autos, decorados o accesorios cotidianos, manifiestan atrevimiento e inteligencia. El temperamento de este color es fundamentalmente social, y como busca triunfar y tener popularidad, hace que otros lo acepten con ciertas reservas. Misteriosamente, el naranja domina al rojo.

AZUL:

Este color reúne la altura del cielo y la profundidad del mar. Lleva consigo la armonía, el ritmo del universo y de nuestro propio planeta. Tiene enormes influencias vibratorias. Mezcla lo sensible y lo fervoroso. Las personas de este color se interesan por servir, por hacer el bien, aunque en ocasiones se equivoquen en el proceso. Si este es tu color, deja que todos lo vean, que vaya siempre contigo.

VERDE:

Este color es sumamente importante debido a sus radiaciones electromagnéticas, las cuales, estimulan y activan el proceso de curación del individuo. Es un gran estimulante para las células del cuerpo y nos ayuda a recuperarnos de enfermedades físicas o emocionales. Las personas bajo este color toman la vida de manera fácil sin alterarse demasiado. Es un color de paz, tranquilidad, esperanza y de seguridad de que lo bueno que se espera llegará.

GRIS:

No cualquier persona puede usar este color cotidianamente en ropas o accesorios, ya que es un color con tendencias negativas. Las personas que gustan de este color suelen ser egoístas, intensas, inquietas y sienten que siempre les falta "algo". Este color es engañoso, pues las personas bajo él, parecen ser conformistas, pero van trabajando a su manera para lograr sus objetivos, a menos que cambien de idea durante el proceso.

CASTAÑO:

Este es el color de la tierra. Las personas que se sienten atraídas por este color son realistas y terrenales, nunca espirituales. Son prácticos, de disposición sencilla y tendencias modestas. Hay muy poca sensibilidad en el castaño.

ROJO:

Es el más fuerte de todos los colores. La persona que vibra con este color es, generalmente, una persona muy fuerte e intensa. No nos referimos a una persona autoritaria, dominante o con tendencias al enojo. Por el contrario, las personas de este color, posiblemente tengan "lagunas apacibles" en sus pasiones y momentos de "tormenta". Además, pueden ser muy amables, aunque un poco inquietas.

LOS CINCO ELEMENTOS

La escuela del Feng Shui está altamente influenciada por la teoría de los Cinco Elementos. Los chinos piensan que la interacción de estos cinco elementos (tierra, madera, fuego, metal y agua) y su combinación en diferentes cantidades, pueden crear todos los cambios que encontramos en la fuerza de la naturaleza.

Una gran parte del Feng Shui se basa en la interpretación de cómo estos elementos interactúan en el ambiente físico para crear mala o buena suerte. De hecho, los elementos tienen dos formas de relación cíclica: la productiva y la destructiva.

Por lo que se refiere a la constructiva, el fuego produce tierra; la tierra produce metal; el metal produce agua; el agua produce madera; y la madera produce fuego.

En el ciclo destructivo, la madera destruye a la tierra; la tierra destruye al agua; el agua destruye al fuego; el fuego funde el metal; y el metal tira o corta la madera.

Si entendemos la relación existente en ambos ciclos, nos será más sencilla la incorporación de elementos simbólicos a las zonas de los hogares o negocios, utilizando el sistema chino de categorización en la fecha y hora de nacimiento, de acuerdo a los elementos.

Por ejemplo, no es conveniente que alguien nacido en el año del fuego, tenga mucha agua en su hogar como fuentes, albercas, acuarios u objetos de color negro o azul oscuro. Estos elementos deben desecharse, pues el agua destruye al fuego. Por otra parte, plantas y objetos de color verde pueden ser buenos, ya que representan madera, y la madera produce fuego. Además de esto, sería muy bueno si la persona durmiera en una habitación ubicada al sur de la casa o departamento.

Tener demasiadas plantas en casa no será bueno para alguien nacido en el año de la tierra, ya que la madera destruye la tierra. Decorar con objetos de color rojo o muy brillantes será bueno, pues el fuego produce tierra. Y como la tierra es el elemento central de los cinco, la gente nacida en este año debe dormir cerca del centro de la casa.

Estos ejemplos te pueden dar una visión más amplia de lo que funciona y de lo que no en el Feng Shui. Si en tu familia hay varios miembros y todos nacieron bajo diferentes elementos, el elemento dominante en tu casa será aquel que corresponda a la persona encargada de mantener o de llevar el dinero a ella en mayor proporción. Si por ejemplo vives con tus padres y ambos trabajan, ve quién hace más dinero o ayuda más con los gastos. Esa será la persona que tiene el elemento dominante en tu hogar. Toma en base esto, y decora tu hogar de acuerdo con él o ella.

Por lo que respecta a las habitaciones de cada miembro en la familia, lo que debes de hacer es colocar cosas o accesorios de acuerdo a su elemento para que actives cada rincón y cada habitación de la casa.

A continuación, te presentaremos una tabla en la cuál podrás encontrar el elemento que le corresponde a cada miembro de tu familia, amigos y a ti mismo. Según la astrología china, estos son los elementos que corresponden a cada fecha desde el año 1900 hasta el 2007.

Año	De	Hasta	Elemento
1900	31 enero 1900	18 febrero 1901	Metal
1901	19 febrero 1901	7 febrero1902	Metal
1902	8 febrero 1902	28 enero 1903	Agua
1903	29 enero 1903	15 febrero 1904	Agua
1904	16 febrero 1904	3 febrero 1905	Madera
1905	4 febrero 1905	24 enero 1906	Madera
1906	25 enero 1906	12 febrero 1907	Fuego
1907	13 febrero 1907	1 febrero 1908	Fuego
1908	2 febrero 1908	21 enero 1909	Tierra
1909	22 enero 1909	9 febrero 1910	Tierra
1910	10 febrero 1910	29 enero 1911	Metal
1911	30 enero 1911	17 febrero 1912	Metal
1912	18 febrero 1912	5 febrero 1913	Agua
1913	6 febrero 1913	25 enero 1914	Agua

1914	26 enero 1914	13 febrero 1915	Madera
1915	14 febrero 1915	2 febrero 1916	Madera
1916	3 febrero 1916	22 enero 1917	Fuego
1917	23 enero 1917	10 febrero 1918	Fuego
1918	11 febrero 1918	31 enero 1919	Tierra
1919	1 febrero 1919	19 febrero 1920	Tierra
1920	20 febrero 1920	7 febrero 1921	Metal
1921	8 febrero 1921	27 enero 1922	Metal
1922	28 enero 1922	15 febrero 1923	Agua
1923	16 febrero 1923	4 febrero 1924	Agua
1924	5 febrero 1924	24 enero 1925	Madera
1925	25 enero 1925	12 febrero 1926	Madera
1926	13 febrero 1926	1 febrero 1927	Fuego
1927	2 febrero 1927	22 enero 1928	Fuego
1928	23 enero 1928	9 febrero 1929	Tierra

1929	10 febrero 1929	29 enero 1930	Tierra
1930	30 enero 1930	16 febrero 1931	Metal
1931	17 febrero 1931	5 febrero 1932	Metal
1932	5 febrero 1932	25 enero 1933	Agua
1933	26 enero 1933	13 febrero 1934	Agua
1934	14 febrero 1934	3 febrero 1935	Madera
1935	4 febrero 1935	23 enero 1936	Madera
1936	24 enero 1936	10 febrero 1937	Fuego
1937	11 febrero 1937	30 enero 1938	Fuego
1938	31 enero 1938	18 febrero 1939	Tierra
1939	19 febrero 1939	7 febrero 1940	Tierra
1940	8 febrero 1940	26 enero 1941	Metal
1941	27 enero 1941	14 febrero 1942	Metal
1942	15 febrero 1942	4 febrero 1943	Agua
1943	5 febrero 1943	24 enero 1944	Agua

1944	25 enero 1944	12 febrero 1945	Madera
1945	13 febrero 1945	1 febrero 1946	Madera
1946	2 febrero 1946	21 enero 1947	Fuego
1947	22 enero 1947	9 febrero 1948	Fuego
1948	10 febrero 1948	28 enero 1949	Tierra
1949	29 enero 1949	16 febrero 1950	Tierra
1950	17 febrero 1950	5 febrero 1951	Metal
1951	6 febrero 1951	26 enero 1952	Metal
1952	27 enero 1952	13 febrero 1953	Agua
1953	14 febrero 1953	2 febrero 1954	Agua
1954	3 febrero 1954	23 enero 1955	Madera
1955	24 enero 1955	11 febrero 1956	Madera
1956	12 febrero 1956	30 enero 1957	Fuego
1957	31 enero 1957	17 febrero 1958	Fuego
1958	18 febrero 1958	7 febrero 1959	Tierra

1959	8 febrero 1959	27 enero 1960	Tierra
1960	28 enero 1960	14 febrero 1961	Metal
1961	15 febrero 1961	4 febrero 1962	Metal
1962	5 febrero 1962	24 enero 1963	Agua
1963	25 enero 1963	12 febrero 1964	Agua
1964	13 febrero 1964	1 febrero 1965	Madera
1965	2 febrero 1965	20 enero 1966	Madera
1966	21 enero 1966	8 febrero 1967	Fuego
1967	9 febrero 1967	29 enero 1968	Fuego
1968	30 enero 1968	16 febrero 1969	Tierra
1969	17 febrero 1969	5 febrero 1970	Tierra
1970	6 febrero 1970	26 enero 1971	Metal
1971	27 enero 1971	15 enero 1972	Metal
1972	16 enero 1972	2 febrero 1973	Agua
1973	3 febrero 1973	22 enero 1974	Agua

1974	23 enero 1974	10 febrero 1975	Madera
1975	11 febrero 1975	30 enero 1976	Madera
1976	31 enero 1976	17 febrero 1977	Fuego
1977	18 febrero 1977	6 febrero 1978	Fuego
1978	7 febrero 1978	27 enero 1979	Tierra
1979	28 enero 1979	15 febrero 1980	Tierra
1980	16 febrero 1980	4 febrero 1981	Metal
1981	5 febrero 1981	24 enero 1982	Metal
1982	25 enero 1982	12 febrero 1983	Agua
1983	13 febrero 1983	1 febrero 1984	Agua
1984	2 febrero 1984	19 febrero 1985	Madera
1985	20 febrero 1985	8 febrero 1986	Madera
1986	9 febrero 1986	28 enero 1987	Fuego
1987	29 enero 1987	16 febrero 1988	Fuego
1988	17 febrero 1988	5 febrero 1989	Tierra

1989	6 febrero 1989	26 enero 1990	Tierra
1990	27 enero 1990	14 febrero 1991	Metal
1991	15 febrero 1991	3 febrero 1992	Metal
1992	4 febrero 1992	22 enero 1993	Agua
1993	23 enero 1993	9 febrero 1994	Agua
1994	10 febrero 1994	30 enero 1995	Madera
1995	31 enero 1995	17 febrero 1996	Madera
1996	18 febrero 1996	7 febrero 1997	Fuego
1997	8 febrero 1997	27 enero 1998	Fuego
1998	28 enero 1998	15 febrero 1999	Tierra
1999	16 febrero 1999	4 febrero 2000	Tierra
2000	5 febrero 2000	23 enero 2001	Metal
2001	24 enero 2001	11 febrero 2002	Metal
2002	12 febrero 2002	31 enero 2003	Agua
2003	1 febrero 2003	21 enero 2004	Agua

2004	22 enero 2004	8 febrero 2005	Madera
2005	9 febrero 2005	28 enero 2006	Madera
2006	29 enero 2006	17 febrero 2007	Fuego
2007	18 febrero 2007	6 febrero 2008	Fuego

La astrología china está basada en el calendario lunar, que data de los tiempos del emperador Huang Ti (2600 a. C. aproximadamente). A diferencia de occidente, en donde el año nuevo comienza el primer día de enero (basado en el ciclo del sol), en oriente el primer día de cada año nuevo cae en la segunda luna nueva después del solsticio de invierno.

EL PA-KUA

Como mencionamos anteriormente, la traducción literal de Feng Shui es "viento y agua", que simbolizan movimiento o elementos en acción. Dentro de los elementos de la milenaria cultura china, una casa que se encuentra en armonía con los elementos de la naturaleza, da salud, prosperidad y suerte a las personas que habitan en ella.

Este arte o ciencia (que no debemos de considerarlo como una simple decoración de interiores), fue utilizado por los chinos para ubicar el lugar en donde se iban a construir sus hogares, templos y tumbas, es decir, lugares para el descanso, la oración y el reposo eterno.

En el planeta Tierra, existen ciertos lugares que tienen respiración propia (*Sheng Chi*). La tarea del Feng Shui es localizarlos y descubrir las cualidades individuales mediante el uso de una brújula especial que identifica las formas de la naturaleza como ríos y montañas (tigre y dragón). Si se llegan a aplicar correctamente y de manera equilibrada estas fuerzas antagónicas, crecerá un hermoso vergel, de lo contrario, sólo habrá desierto.

Como en occidente es casi imposible regirse por esta brújula, a la hora de escoger un terreno para la construcción de una edificación, debemos dejarnos guiar por nuestro instinto animal. Lo primero que debemos de hacer, es observar detenidamente la manera en que la naturaleza se ha expresado en el lugar que elegimos, la verticalidad de los árboles y la abundancia del follaje (si observamos que la yerba existente en el lugar es muy verde, este lugar está lleno de energía).

Algo sumamente importante para elegir el terreno, es tratar de que no haya cerca del lugar torres de alta tensión, fábricas, industrias contaminantes, puentes o antenas de radio o televisión, ya que estudios realizados han manifestado que éstas crean tensión y fuerzas negativas.

Una vez localizado el terreno ideal para la construcción de nuestra casa, debemos de poner mucha atención en las puertas de ésta.

Para conocer y armonizar tu hogar debes de hacer uso del Pa-Kua, que es una figura octagonal de variados significados en la filosofía china, pero que en el Feng Shui sirve como orientador de la clase de puertas que hay en tu hogar, así como lo que puedes esperar de ellas. De igual manera, te indica algunas áreas importantes de tu vida que pueden estar bloqueadas o perjudicándote.

Dentro de la tradición china, el ocho es un número importante. Representa los ocho símbolos de la inmortalidad, los ocho periodos de la vida, los ocho pilares del cielo y las ocho montañas. Así pues, el Pa-Kua corresponde a ocho situaciones de la vida del hombre.

En el Pa-Kua, podemos observar la relación que hay entre los cuatro pares de trigramas del *I Ching*, tanto por la manera en que se ordenan físicamente, al igual que por su simbolismo energético.

El primer par que observamos dentro del Pa-Kua está formado por el Cielo y la Tierra, que son conocidos también como los Opuestos universales; después, podemos ver el Fuego y el Agua, que son los Opuestos orgánicos; en tercer lugar, encontramos la Montaña y el Lago, conocidos como los Opuestos elementales o naturales; y por último, están el Viento y el Trueno, que son los Opuestos impulsivos. Estos son los cuatro pares de trigramas del *I Ching* que forman el Pa-Kua.

Opuestos universales		Opuestos orgánicos		Opuestos elementales		Opuestos impulsivos	
☰	☷	☲	☵	☶	☱	☴	☳
Cielo	Tierra	Fuego	Agua	Montaña	Lago	Viento	Trueno

A continuación, te presentamos un breve análisis de cada uno de estos trigramas para que puedas entender un poco más de su simbolismo y el por qué están dentro del Pa-Kua:

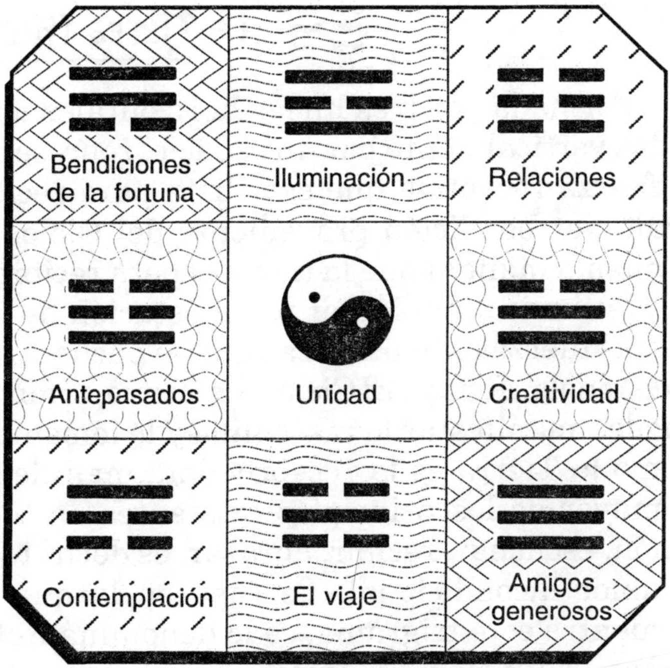

☰ El Cielo (Chien):

Formado por tres líneas horizontales seguidas, manifiesta la fuerza curativa, el espíritu esencial mediante el cual se expresa todo. Su fuerza creativa apoya y nutre todo lo que se manifiesta en la tierra por medio de los asuntos humanos. Esta es la razón, por lo que la casa que corresponde a este trigrama es denominada Amigos, Benefactores y Viajes.

☷ La Tierra (Kun):

Formada por tres líneas horizontales divididas verticalmente por un espacio, representa la fuerza receptiva que está lista para recibir cualquier bendición proveniente del Cielo, de la misma manera que la tierra espera recibir el sol, la lluvia y cualquier manifestación de las demás fuerzas atmosféricas que se encuentran rodeándola. Juntos, El Cielo y La Tierra, también pueden manifestar lo masculino y lo femenino. Como la Tierra es la receptividad, manifiesta el mayor de los principios existentes en toda unión: escuchar, recibir, abrazar, es decir, todo el amor incondicional. La casa en la que se encuentra este trigrama, se le denomina Relaciones, Matrimonio y Amor.

☲ El Fuego (Li):

Este trigrama está formado por dos líneas horizontales completas (la superior y la inferior), y la del centro dividida por un espacio. Este trigrama se asemeja a una llama que parece tener una forma definida, cuando la realidad nos indica que el corazón está "vacío". La casa a la que representa este trigrama, se le conoce como la luz interna y la claridad, por esto, se denomina Iluminación y Fama.

☵ El Agua (Kan):

Completamente invertido al anterior (obviamente), este trigrama se presenta por una sola línea completa (la del centro), y dos divididas al centro por un espacio (la superior y la inferior). En éste, podemos ver que aunque parece ser abierta y transparente, el Agua tiene "algo" en el centro. El Agua, que fluye a través del tiempo, similar a nuestra existencia, se le denomina Profesión y Trabajo.

☶ La Montaña (Ken):

Este trigrama es una línea completa sobre dos incompletas, y nos hace ver un espacio existente en el interior; es como una cueva en la parte inferior de alguna montaña. La cueva a la que se asemeja la montaña, es la manifestación de la meditación y la introspección, dando como resultado la casa de la Contemplación, la Cultivación y el Conocimiento.

☱ El Lago (Tui):

Por su parte, éste está formado por una línea incompleta en la parte superior y dos completas abajo. Si lo observamos detenidamente, parece en verdad un lago. La diferencia entre este trigrama y el del Agua, es que en el del Lago está abierto por la parte superior y cerrado abajo, mientras que el del Agua está abierto por los dos lados, semejando un camino formado por alguna corriente de agua. El Lago, al estar abierto por ambos lados, se manifiesta como la casa de los Antepasados y los Descendientes.

☴ El Viento (Sun):

Este trigrama está formado por dos líneas completas en la parte superior, teniendo en la base una línea incompleta; denota una gran fuerza por encima del suelo. El Viento, es la constante emanación de la buena suerte o fortuna que nos proporciona la vida; esta casa es llamada de las Bendiciones y los Hijos.

☳ El Trueno (Chen):

Inverso al anterior trigrama, está representado por una línea completa en la base y dos superiores incompletas. Su base manifiesta una poderosa y sólida fuerza, pero conforme sube, pierde su energía. El trueno, manifiesta la fuerza de nuestros ecos interiores, es decir, nuestros orígenes; es por esto que se le denomina la casa de nuestros Antepasados, la Familia o Salud.

Cada uno de estos cuatro pares, dependen uno del otro, permaneciendo siempre conectados en el mundo vibratorio.

Es interesante ver como en el Pa-Kua existen relaciones físicas y vibratorias. por ejemplo, el Cielo está relacionado con la Tierra. Pero físicamente, a 180° está relacionado con la Montaña. Las demás relaciones, nacen en verdad con nuestro mundo interior, por eso la relación existente entre la casa de las Relaciones con la Contemplación.

Otra cuestión para analizar, es ver como el Fuego y el Agua están relacionados, tanto físicamente como vibratoriamente. Incluso, cuando tenemos fama o reconocimiento, y estamos frente a una audiencia, lo vital para nosotros es seguir nuestro Viaje y su conexión con la Iluminación.

Además, la vida que nuestros antepasados inmediatos (padres) nos han regalado, es la más grande de todas las bendiciones, por esto, surge la relación con la casa de los Antepasados y con las Bendiciones de la Fortuna. En el momento en que nos consagramos con nuestros mayores, podemos desempeñar de manera más sencilla la expresión de nosotros mismos por medio de la creatividad y la procreación, o sea, nuestros descendientes. Así pues, vemos que las casas de nuestros Antepasados y de la Creatividad están conectadas siempre en nuestra mente.

Nosotros, una vez que sabemos el lugar preciso en donde se encuentran ubicadas cada una de las casas, y logramos la equivalencia de energías en cada una de ellas, logramos la perfecta armonía con la naturaleza que nos permite vivir en paz y mejor. Esta es la filosofía esencial del Feng Shui.

Como menciona William Spear en su libro *Feng Shui*: "La vida no es un conjunto casual de cosas, sino una totalidad unificada regida por el patrón de la energía del mundo invisible, lo cual ha quedado claramente demostrado en la integridad del Pa-Kua y el mapa *Lo* del *I Ching*".

El Pa-Kua, los números 1, 2 y 3 nos indican las puertas de entrada de nuestros hogares y de cada habitación, así como nos ayudan a identificar cada una de las áreas.

EL PA-KUA Y LAS PUERTAS DE NUESTRO HOGAR O NEGOCIO

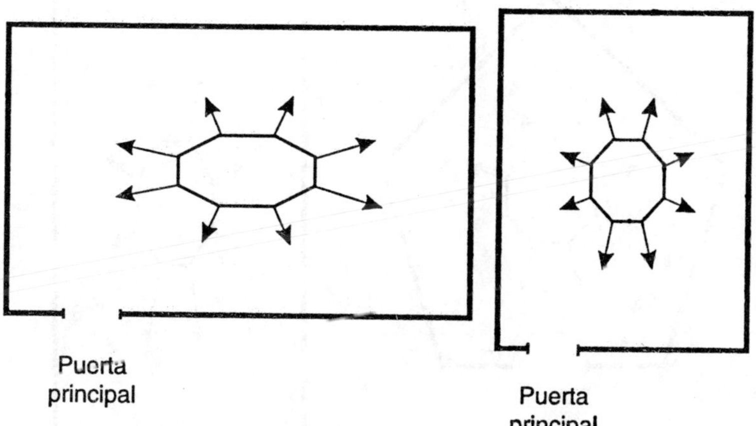

Formas simétricas

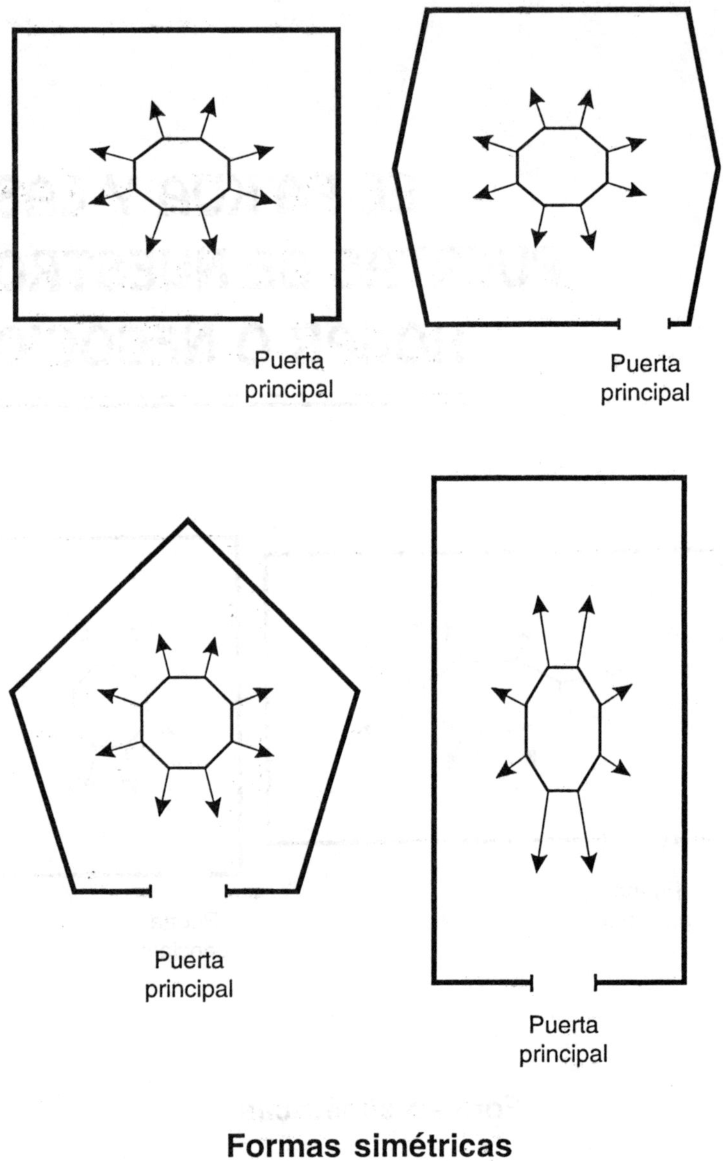

Formas simétricas

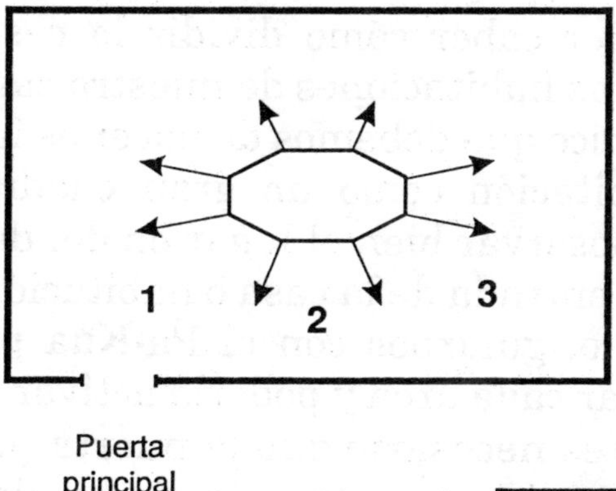

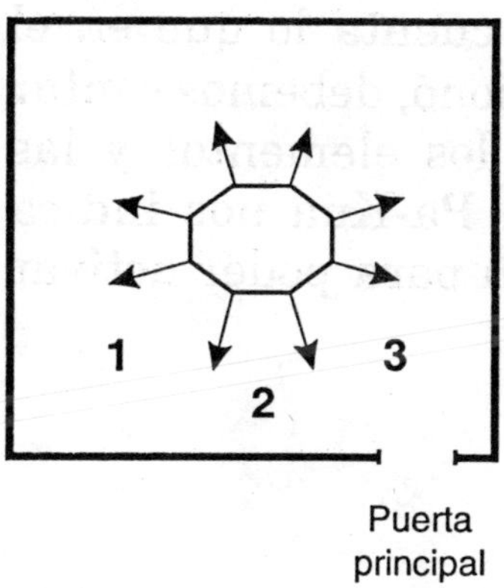

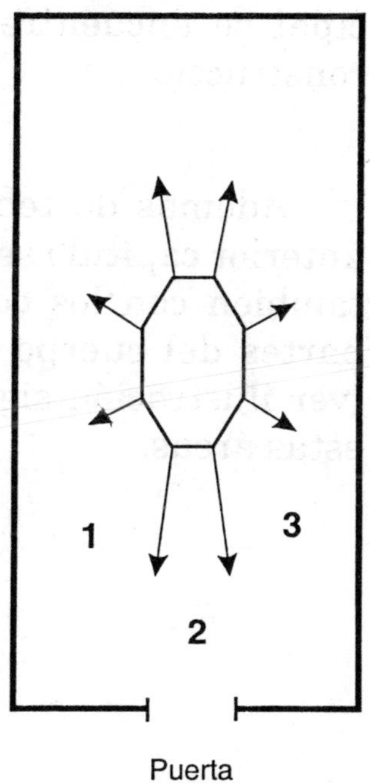

Pa-Kuas maleables

Para poder saber cómo dividir la casa y cada una de las habitaciones de nuestra casa o negocio, lo único que debemos de hacer es imaginar la habitación como un gran cuadro o rectángulo, observar bien el lugar en donde se encuentra la entrada de la casa o habitación, y en base a ello, guiarnos con el Pa-Kua para poder localizar cada área y poderla activar. No obstante, no es necesario que la puerta principal se encuentre pegada a la pared de la construcción.

Además de tener en cuenta lo que en el anterior capítulo se mencionó, debemos contar también con los colores, los elementos y las partes del cuerpo que el Pa-Kua nos indica (ver ilustración siguiente) para poder activar estas áreas.

FAMA
OJOS FUEGO ROJO
MATRIMONIO
ORGANOS SEXUALES E INTERNOS ROJO BLANCO
HIJOS, DESCENDIENTES
BOCA METAL BLANCO
BENEFACTORES, VIAJES
CABEZA BLANCO GRIS NEGRO
PROFESION, TRABAJO
OIDOS AGUA NEGRO SUR
CULTIVACION, CONOCIMIENTO
MANOS NEGRO AZUL VERDE
FAMILIA, SALUD
PIES MADERA VERDE OESTE
FORTUNA, DINERO
DINERO CADERAS AZUL VIOLETA
PUERTA
DE
ENTRADA

Si alguna de las habitaciones, o toda la casa u oficina tiene formas irregulares, lo que debes de hacer es tratar de hacerlas simétricas, aumentando las partes que le falten mentalmente. Hazlo de acuerdo a la siguiente lámina:

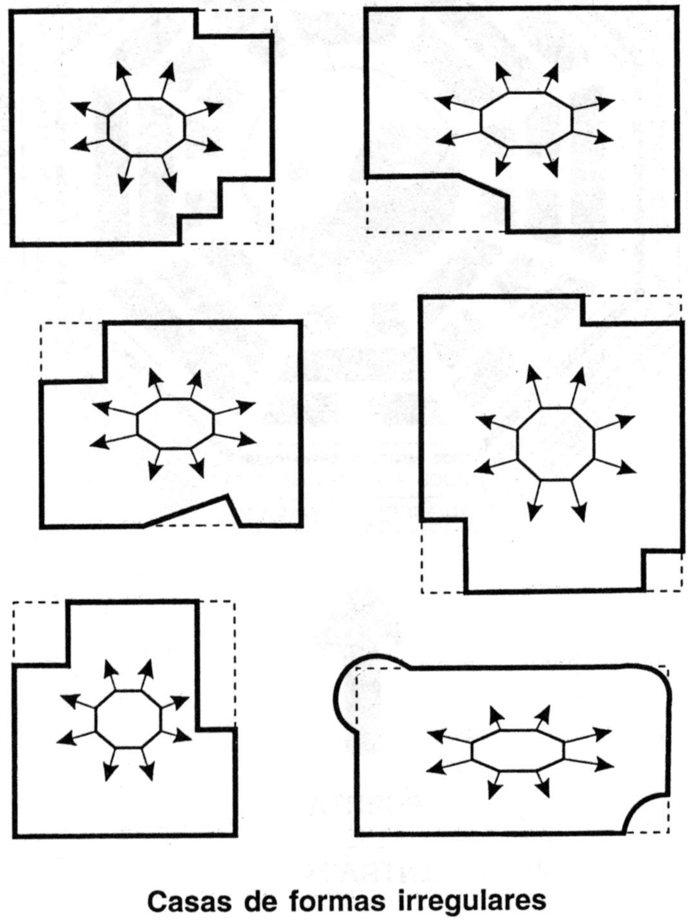

Casas de formas irregulares

En la base del Pa-Kua, podemos observar tres puertas que te ayudarán a ubicar la entrada principal de tu hogar o de cualquier habitación. Recuerda que la puerta principal de tu hogar es la nariz que respira el aire fresco que nutre cada habitación que en ella se encuentra.

Algo muy importante para localizar las diferentes áreas del Pa-Kua en la habitación o casa que quieras, es colocar las tres opciones de puerta principal —izquierda, centro o derecha— en la parte inferior. De esta manera, ubicarás sin error cada zona del Pa-Kua.

A continuación daremos una breve explicación de cada una de las tres puertas que te puedes encontrar en tu hogar.

Puerta del Trabajo o Profesión:

Tomando el Pa-Kua de frente —como te lo mencionamos—, al centro encontrarás esta puerta. Si tu hogar tiene la puerta al centro, como lo indica el Pa Kua, tu hogar es de esos en donde el "quehacer" y el trabajo nunca termina para las amas de casa. Seguramente, si tu oficina o lugar de trabajo también tiene la puerta principal al centro, ocurrirá lo mismo.

Puerta de Viajes y Benefactores:

A la derecha se encuentra esta puerta. La característica de los hogares u oficinas que tienen la puerta del lado derecho, es que las personas que ahí habitan o trabajan siempre andan fuera, ya sea de viaje o simplemente en la calle. Esta puerta es la ideal para los negocios, pues nunca faltarán los clientes. Pero si alguna recámara de nuestro hogar tiene la puerta de viajes o benefactores, y sobre todo la de los jóvenes, tenderán al ocio y al descuido en los estudios.

Puerta del Conocimiento y la Cultivación:

Como se puede ver en el Pa-Kua, se localiza del lado izquierdo. Las casas que así la tengan, tenderán a ser muy acogedoras para las personas que ahí viven. Si en los cuartos de los jóvenes estudiantes también se encuentra del lado izquierdo, estimularán su deseo por aprender. Esta puerta es ideal para bibliotecas o centros de enseñanza.

Hay que tener muy presente que la puerta principal nos dará el significado de lo que podemos esperar de nuestro hogar en su totalidad. No obstante, la puerta de cada habitación, también tendrá su propio significado. Algo muy importante, es que la puerta principal de nuestra casa abra hacia el interior; con esto, lograremos que la energía o *Chi* entre a nuestra casa, de lo contrario, ésta escapará.

EL PA-KUA Y LAS ÁREAS EN NUESTRO HOGAR O NEGOCIO

Una vez que hayas logrado ubicar la puerta principal de tu hogar, así como la de las habitaciones que hay en tu casa, será muy sencillo que logres ubicar las áreas totales que hay en el resto de tu casa y habitación.

Amor y Matrimonio:

Está ubicada en el extremo superior derecho, y ahí se encuentra la energía del amor y del matrimonio.

Fama y Popularidad:

En el centro superior, podemos encontrar el área dedicada a la fama y popularidad. Esta área es de suma importancia para los que se dedican a cuestiones artísticas o profesionales que necesitan de reconocimiento.

Fortuna y Riqueza:

El área destinada al dinero, está localizada en la parte superior izquierda del Pa-Kua.

Familia y Salud:

Inmediatamente abajo de la fortuna y riqueza, encontraremos el área de la familia y la salud.

Hijos:

Finalmente, abajo del área del matrimonio, está ubicada la que se refiere a los hijos.

Para saber bien cuáles son las áreas que debemos de activar en cada una de las habitaciones de nuestro hogar, y de él mismo, debemos tener en cuenta ciertos puntos de suma importancia.

Por ejemplo, en la habitación matrimonial —que es el corazón de la casa— se debe de tener activa el área del amor y el matrimonio, la familia y la salud, así como la de los hijos, intentando que como pareja reine la unión y la felicidad. En el caso de una persona soltera que está ansiosa porque el amor llegue, también se debe de poner especial atención en el área correspondiente al amor y matrimonio.

Por lo que se refiere a las habitaciones de los hijos, si todavía son estudiantes, activar el área de conocimiento y cultivación.

Por lo que respecta a la cocina y al baño, es muy importante tener activada el área de la salud, pues son lugares en donde se preparan alimentos y en donde uno toma el baño para limpiarse de toda impureza.

Por último, en toda la casa debemos de activar el área de la fortuna y el dinero. Si se trata de un negocio, además de elegir un local que tenga la puerta ubicada en el lado derecho (viajes y benefactores), y de activar el área de la fortuna y el dinero, es muy conveniente activar la puerta principal.

CÓMO ACTIVAR LAS ÁREAS DE NUESTRO HOGAR O NEGOCIO

El Feng Shui te ofrece varias herramientas, sencillas y fáciles de adquirir, para activar las áreas que necesites en tu casa. No se trata de objetos meramente decorativos, sino algo que te ayudará enormemente en tu vida.

Los elementos de los que puedes echar mano para activar las áreas de tu casa u oficina son espejos, relojes, bolitas de cristal, veletas o un espanta espíritus o wind chimes.

Espejos:

Para los chinos, los espejos eran una manera de luchar en contra de los demonios. Tus demonios, pueden ser el hambre, la ignorancia o las enfermedades. Si te decides por los espejos, busca que sean octagonales. Una vez que tengas los suficientes para activar las áreas que necesites, colócalos de acuerdo al Pa-Kua. No se trata de que llenes tu hogar de espejos, sólo úsalos en los lugares adecuados.

Relojes:

Al igual que los espejos, intenta que los relojes sean octagonales. Colócalos de igual manera en las áreas que quieras desbloquear.

Bolitas de Cristal:

Las bolitas de cristal facetadas, esas colgadas de los candiles, pueden pender en las áreas que quieras activar. Preferentemente, deben de ir atadas con un hilo rojo, debiendo estar en proporción con el techo.

Veletas:

Estas no son más que estructuras parecidas a un rehilete que gira con el viento. Si las pones en el lugar más alto de tu hogar u oficina, bañarán el lugar de ondas benéficas. Si te encuentras en un edificio, el poner veletas no sólo te beneficiará a ti, sino a todos lo vecinos también.

Espanta Espíritus (Wind Chimes):

Estos deben de estar puestos en la entrada de tu hogar u oficina, pues al abrir la puerta el viento los hará sonar, llenando tu hogar de armonía y buenas energías. Cualquier tipo de Espanta Espíritus puede ayudarte, no es necesario que sean de manufactura china. Puedes encontrar gran número de ellos entre los artesanos de tu ciudad.

MÁS CONSEJOS ÚTILES

Como se mencionó antes, la luz es un elemento de suma importancia para mantener activas las áreas de nuestro hogar u oficina. Las zonas más importantes que deben estar perfectamente iluminadas, son la entrada principal, el cubo de las escaleras y los pasillos.

El orden en tu lugar de estancia es también muy importante. Evita tener objetos innecesarios en los armarios y alacenas. Ten en cuenta que muchas veces, el cuarto que dedicas para guardar todo lo que "estorba", puede obstaculizarte seriamente en tu vida. Trata de no tener vidrios rotos, focos fundidos, chapas inservibles ni nada que no armonice con tu hogar.

Cuando decidas cambiar el color de tu oficina, toma en cuenta los colores que mencionamos anteriormente. Lo que si te podemos decir, es que no utilices el color durazno si deseas activar tu lugar de trabajo.

Si lo que deseas es cambiar el color de tu casa, es muy recomendable utilizar colores naturales (ecológicos). Las recámaras pueden ser verde claro, que proporciona un ambiente de tranquilidad; en la recámara de los niños, el amarillo es un color que les favorece mucho en cuestión de estudio y aprendizaje.

El buen Feng Shui se asocia con algunos objetos debido al color o los materiales con los que están hechos. También, en ocasiones, los nombres de estos accesorios en chino, son similares a condiciones deseables, tales como longevidad o tranquilidad. Si tienes estos accesorios en tu casa u oficina, te ayudarán para tener buena fortuna.

Algunos de los más importantes son los siguientes:

- La riqueza es simbolizada por oro, monedas antiguas y con la presencia de agua limpia, clara y en movimiento.

- La sabiduría, se representa mediante elefantes, animal que cuenta con enorme respeto en muchos países de Asia.

¤ La longevidad y la buena salud se ven favorecidas con la presencia de bambú, pinos o sifones, animales que constantemente aparecen en el arte chino. También, los pichones pueden ayudar a manifestar estas cualidades.

¤ Los peces son animalitos que te ayudarán a tener buena salud también, sobre todo si los ubicas en tu área de fortuna y dinero.

¤ Otro de los accesorios que te ayudan mucho y, que como ya vimos en el *Yin* y el *Yang*, te ayudarán a conseguir el balance tan importante en tu vida, es el colocar velas flotando sobre un recipiente con agua, sobre todo si es de color azul. Si colocas el agua (*Yin*) y el fuego (*Yang*) en tu área de trabajo, verás como mejorarás en este aspecto de tu vida.

LA RECÁMARA

Muchas personas que están ya dentro del Feng Shui, piensan que la casa, y sobre todo la habitación en la cual descansamos, es muy importante tenerla bien distribuida y armonizada, pues en ella pasamos una tercera parte de nuestras vidas. Los objetivos de cualquier alcoba suelen ser dos: dormir y hacer el amor. Éstas son las únicas actividades que debemos de llevar a cabo en ella.

Cuando dormimos, nuestro cuerpo se cura a sí mismo, pero como estamos durmiendo y no en un estado alerta, somos más vulnerables a enfermedades. Es por esto que debemos de tener cuidado, tratando a nuestra recámara como un lugar sagrado en donde se producen curaciones.

Primero que nada, es recomendable eliminar el desorden que distrae y absorbe energía.

Esto es conveniente hacerlo también en el resto de la casa para que la energía fluya sin que nada le estorbe.

El lugar donde se coloca la cama es muy importante en el Feng Shui. Lo que se establece como ideal, es que la cama debe de tener una vista clara de la puerta, pues es por ahí por donde la energía llegará, y por donde podemos ver si entra algún intruso. Si es posible, deberá de colocarse la cabecera en una pared sin ventana, pues si no se hace así, a la hora que alguien duerma, se mantendrá un estado inconsciente de alerta que interferirá con el sueño, además de que se escapará nuestra energía por la ventana. De igual manera, se recomienda el uso de espejos para lograr ver la entrada desde la cama, en caso de que sea imposible mover la cama.

Por lo que se refiere a dormir y a hacer el amor, se aconseja sacar de la alcoba todo lo relacionado al trabajo (libros, papeles, documentos, etc.). El trabajo y el descanso deben separarse, de lo contrario, se enviará un mensaje confuso. Además, el trabajar en la alcoba quitará energía al sueño y al sexo.

Por lo que toca al televisor, sería preferible que no estuviera colocado en la alcoba, pues emite energías electromagnéticas que afectan tu sueño. Muchas veces, cuando tenemos un televisor en nuestra recámara, vemos noticias terribles o acontecimientos horribles con los cuales caemos en el sueño, y como mencionamos anteriormente, somos muy vulnerables en este estado.

El lugar que ocupan la computadora y el televisor, pueden ser ocupados por plantas caseras, que son el símbolo de la naturaleza y el desarrollo. Según la filosofía del Feng Shui, donde florecen las plantas, florece el ser humano. Otro lugar idóneo para colocar plantas, son las esquinas salientes de la habitación. En caso de que llegues a ser alérgico a las plantas o no puedas cuidarlas adecuadamente, sustitúyelas por flores artificiales de seda. No obstante, recuerda que las naturales son curativas y románticas a la vez.

Otro punto de suma importancia en la alcoba para los que buscan una relación estable y amorosa, es la alcoba en su conjunto. Muchas personas nunca se dan cuenta de que su recámara es fría y sin interés, cosa que desalienta a cualquier persona que llega a ella.

Si lo que se busca es una relación tierna y amorosa, nuestra recámara debe de ser tierna y amorosa. ¿Te puedes sentar en ella a leer un libro? ¿El cobertor de tu cama es acogedor? Si la recámara está desordenada, atraer a alguien será muy difícil.

Para las personas que andan en busca de un nuevo amor, se les aconseja tirar cartas, regalos y cualquier cosa que la anterior relación te dejó. Tenerlas, es aferrarse al pasado y dejar que la energía de los amores anteriores siga en la habitación. Tira las sábanas, almohadas y cualquier cosa con las que tu anterior relación haya tenido contacto.

Como mencionamos antes, es muy importante que no tengas aparatos electrónicos que te quiten energía en tu cuarto. Aunque al principio te parezca incómodo, intenta sacar de tu cuarto televisores, radios, computadoras y teléfonos; con el tiempo verás que aquella vieja dolencia en la espalda o la falta de sueño desaparecerán. En caso de que te sea imposible sacarlos, cuando vayas a dormir desconéctalos.

Otro consejo valioso, es que la base de tu cama no sea de metal, pues funciona como antena y atrae las energías positivas y negativas. Trata de conseguir una de madera. Asimismo, el colchón no debe de tener nada metálico (resortes o soportes). Lo ideal sería uno de borra.

Recuerda también, sacar todo lo que "guardas" debajo de la cama, dejando completamente libre y limpio este espacio.

Debemos de evitar que nuestra cama apunte con los pies hacia la puerta, pues esta posición te tendrá nervioso, obstaculizará tus proyectos, te afectará en tu relación amorosa y tu vida, en general, se puede ver lastimada. Esto es muy importante cuando se encuentra una mujer embarazada en esa cama, pues puede llegar a abortar. Y ya que hablamos de mujeres en estado, cuando haya alguna en la casa, se debe evitar a toda costa la construcción de cualquier modificación en la casa (un cuarto, el techo, etc.), pues esto también puede ser causa para que se pierda al bebé. Al igual que la cama, el escritorio en la oficina debe de estar colocado de manera tal que no dé la espalda a la puerta, ni que tampoco vea directamente a ella.

EL COMEDOR

Por lo que respecta al comedor, el mueble más importante en él es la mesa. Intenta que sea de forma octagonal. Si no es posible, puede ser redonda o cuadrada, pero jamás en forma rectangular, pues adopta la forma de una tumba.

Las bondades del octágono las podemos ver en infinidad de cosas y lugares alrededor del mundo. Por ejemplo, La Torre Cerámica de los Mil Budas, de más de 900 años de antigüedad, con nueve pisos y siete metros de alto, tiene forma octagonal. Otro caso, es que el octágono corona a la mayoría de las iglesias católicas más importantes. También el faro octagonal del Puerto de Veracruz no sólo se concreta a iluminar el camino de los marinos, sino que también los bendice.

Teniendo en cuenta esto, y si tus posibilidades te lo permiten consigue mesas, vasos y vajillas en forma octagonal. Verás que grandes y positivos cambios experimentarás con su uso.

Otros elementos que pueden ayudarte en la fortuna y el dinero, son los acuarios y las fuentes. Si puedes tener una pecera en tu hogar, colócala en el área del dinero y la fortuna y verás como cambia tu situación económica. Muchas personas piensan que los peces son de mala suerte, pero nada es más falso. Para los chinos, el agua representa el espejo de la vida. Un claro ejemplo de esto, es el restaurante Ambassador de la ciudad de México, el cual, es uno de los más acreditados y constantemente visitado por las personalidades de esta ciudad, y tiene una enorme pecera en el área de los viajes y los benefactores.

De igual manera, si tienes la enorme dicha de contar con un jardín en tu casa u oficina, no dudes en colocar una pequeña fuente en el área mencionada, te sorprenderás enormemente del cambio que experimentarás.

Por lo que se refiere a las plantas, ubícalas en las áreas que creas más necesarias, pero siempre debes de tener cuidado en que no se maltraten o se sequen, pues esto bloqueará el área en vez de activarla. Si tu intención es usar plantas, consíguelas naturales, pues éstas, a diferencia de las artificiales, activarán de manera correcta las áreas de tu hogar u oficina.

BAÑO Y COCINA

Por lo que se refiere al baño y la cocina, muchas veces encontramos que están pegados. Esto se hace por comodidad entre los arquitectos que planean las casas y para poder usar el mismo drenaje en ambas. Lamentablemente, no saben lo dañino que esto puede ser, puesto que la cocina y el baño son dos elementos que se rechazan mutuamente (agua y fuego).

Si vives en un departamento, es muy importante que la estufa de la cocina no sea vista desde la entrada principal, pues de acuerdo con el *I Ching*, verla convierte la felicidad en pena.

Con respecto al Pa-Kua, coloca la cocina en el área de la familia o de los hijos, y que nunca esté en dirección de la puerta. Si la cocina integral te impide hacer los cambios, puedes curarla colocando un espejo octagonal detrás de la estufa o colgando una esfera de cristal encima de ella.

Por otra parte, los congeladores y los hornos de microondas suprimen la energía de los alimentos. Se aconseja que cuando cocines, uses una cuchara de madera para mover los alimentos, y siempre en dirección de las manecillas del reloj. Con esto, lograrás aumentar la energía. También, hay que evitar tener en la cocina la lavadora. Recuerda que la cocina es un lugar sagrado y, por consiguiente, un lugar donde habita un dios.

Por lo que toca a los baños, es muy importante que éstos no sean "baños de pobreza". Esta parte de cualquier casa o negocio, no debemos descuidarla, ya que es muy importante dentro del Feng Shui.

Si en verdad te interesa tener adecuadamente colocado tu baño, pon atención a las siguientes sugerencias.

Un baño ideal, en el Feng Shui, es aquel que cuando abres la puerta del baño, no deja ver la taza, y que además, la puerta abre hacia adentro del baño, pero no sobre la taza, sino hacia la pared.

Si en tu cuarto de baño, al abrir la puerta ves inmediatamente la taza del baño, seguramente el dinero no te rinde. Esto se debe a que el baño determina nuestra situación económica. Si además de esto, la puerta del baño abre hacia afuera, el dinero que ganas te cuesta mucho obtenerlo, y cada vez que haces funcionar el inodoro, los billetes se te van por el agua.

Si tu baño está en contra de lo que mencionamos como un baño "ideal", no tienes porque alarmarte. Para poder "curar" este efecto, lo que debes de hacer es colocar un espejo octagonal en la parte exterior de la puerta de tu baño, preferentemente a la altura de la cara de la persona más alta que habite en la casa o que trabaje en la oficina. El espejo puede estar en un marco o directamente pegado en la superficie de la puerta.

También es conveniente colocar otro espejo octagonal en la pared que primero se ve al abrir la puerta. Siguiendo estos sencillos pasos, tu baño quedará activado y le dará enormes sorpresas económicas.

PASILLOS

En las casas o departamentos, siempre vamos a encontrar uno o más pasillos. Éstos, cuando se encuentran en la zona del matrimonio —según el Pa-Kua—, hace que se sufran altibajos.

Si están en la zona correspondiente a los hijos, hará que ellos nunca lleguen a un acuerdo concreto con los padres y que salgan constantemente de la casa.

Cuando el pasillo está localizado en el área del trabajo, seguramente las personas que habitan este hogar, tienen problemas para conseguir trabajo.

Cuando el pasillo está ubicado en la zona de los benefactores y viajes, los que viven en ese hogar nunca se encontrarán en casa, pues se les facilitará el viajar constantemente.

Si se encuentra ubicado en el área de la fortuna, la estrechez económica afectará a las personas que ahí habitan; además, les costará mucho trabajo encontrar una fuente de provisión económica.

Y cuando el pasillo está en el área de la fama, cuídese de las intrigas por parte de los vecinos.

Algo que podemos hacer por nuestros pasillos, en casas o negocios, es dejarlos siempre libres y bien iluminados. A la entrada del pasillo, es conveniente colgar una pequeña campana o un prisma de cristal colgado con hilo de cáñamo rojo del techo.

No es muy conveniente que los pasillos estén pintados con colores oscuros, ya que no tendrán "vibración". Además, nunca deje en penumbra este espacio; coloque un foco en el centro de él para que siempre esté iluminado.

Si un pasillo es utilizado como cochera, es conveniente "curarlo" con una planta verde y natural al final de éste. Esto se hace con la finalidad de que, cuando metas tu automóvil, la energía que "empujas", no se acabe y desajuste el área hacia la que desemboca el pasillo.

Cuando se trata de un pasillo muy estrecho, seguramente tus relaciones con los demás son difíciles y se enfrían demasiado rápido. Para activarlo, se deben colocar en las dos paredes espejos muy amplios, para que éste se amplíe.

Por el contrario, cuando cuentas con amplios pasillos, eres una persona muy social. De cualquier manera, haz algo de lo que recomendamos anteriormente para que tu pasillo esté activado.

Otra cosa vital para que los pasillos estén activados, es no saturarlos de muebles, cuadros, macetas o sillas, ya que si así se hace, habrá malos entendidos entre los que ahí habiten, y las relaciones entre padres e hijos, serán muy tensas.

Los colores ideales para un pasillo pueden ser de color crema muy claro. El blanco no tiene vibración, pero ayuda a que el pasillo esté iluminado con poca luz.

Si encontramos una puerta al final del pasillo, para "suavizarlo" debemos de redondear la parte superior de esta, pero siempre dejando libre el pasillo, pues cualquier mueble puede impedir que la energía corra libremente. Además, es conveniente pegar un espejo en la puerta al final del pasillo.

Cuando se colocan cortinas o persianas al final de un pasillo, las personas denotan estrechez, problemas para relacionarse con los demás o ser demasiado herméticas en cuanto a su yo interno.

La manera más sencilla de "curar" pasillos es con móviles a la entrada y con espejos en las paredes. Recuerda que el pasillo es la garganta y el tracto intestinal de tú hogar o negocio.

VENTANAS

Cuando nos encontramos una casa en la que las ventanas son demasiado pequeñas, en proporción a las puertas, habrá problemas para que los hijos se relacionen armoniosamente con sus progenitores o hermanos. Esto se debe a que los niños, o jóvenes, no se sienten capaces de relacionarse con sus compañeros de escuela. Además, también se sienten reprimidos por parte de los padres o de ellos mismos, haciéndolos niños inseguros.

Si, por el contrario, las ventanas son demasiado grandes, los hijos controlarán la casa y a los padres mismos. Si las puertas y ventanas están del mismo tamaño y proporción, en la casa habrá una "guerra" entre padres e hijos.

Lo correcto, en cuestión de ventanas, es que por cada puerta en nuestra casa, se localicen tres ventanas con la mitad del tamaño de la puerta de acceso a la habitación.

Las ventanas cuadradas resultan muy duras. Sería conveniente que fueran semirredondas, ovaladas u octagonales (como las de las iglesias), ya que éstas producen estabilidad en nuestros hijos. Para "suavizar" las ventanas cuadradas, podemos echar mano de algunos elementos que corten las esquinas, haciéndolas octagonales.

Muchas veces, por proteger nuestro hogar, colocamos barrotes en las ventanas y puertas. Esto es muy malo, pues nos puede traer problemas legales e internos. En el Feng Shui podemos ver que las ventanas simbolizan la fuerza mental y oral de los hijos, mientras que las puertas simbolizan la voz de los padres. Es por esto que, cuando se obstaculizan éstas con barrotes, se dificultan cualquier tipo de soluciones.

Cuando no podemos prescindir de los barrotes, la manera de "suavizarlos" es colocando círculos entre cada uno de los barrotes. Si la reja se encuentra en el exterior de la casa, coloca una bandera o un lámpara en la parte superior de esta para eliminar los efectos nocivos.

Si la reja está pintada de negro, ésta afectará directamente las articulaciones de la persona que ahí habita. Cuando las rejas son tubulares, es bueno colocar una lámpara sobre la puerta o ventana que haga las veces de un péndulo.

LOS TECHOS DE LA CASA O NEGOCIO

Una parte sumamente importante, dentro del Feng Shui, son los techos de las edificaciones. Es asombrosa la inteligencia que tenían los indios sioux, hopi-navajos, apaches, etc., para construir sus chozas o tiendas. La forma de techos de dos aguas con remate piramidal, son enormemente beneficiosas para la vida. Éste tipo de techos, eran muy comunes en algunas ciudades del México del siglo pasado. Quizá por esto, la gente tenía un alto promedio de vida.

Para las personas estudiosas del Feng Shui, los techos semicirculares, parecidos a las cuevas en las que habitaban los hombres primitivos, son las mejores para que el ser humano no pierda las energías y logre recuperarse del desgaste diario.

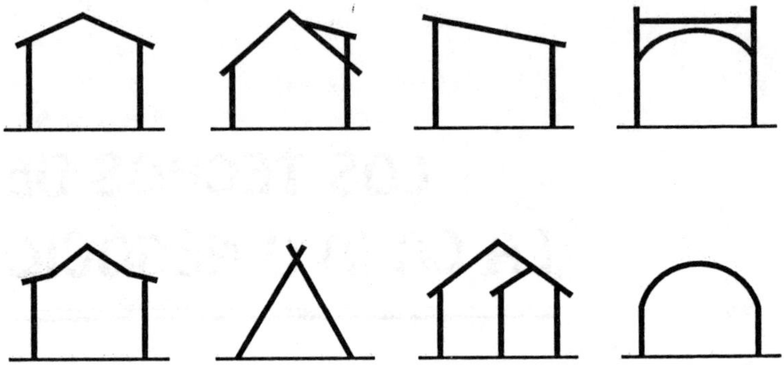

Formas favorables para vivir

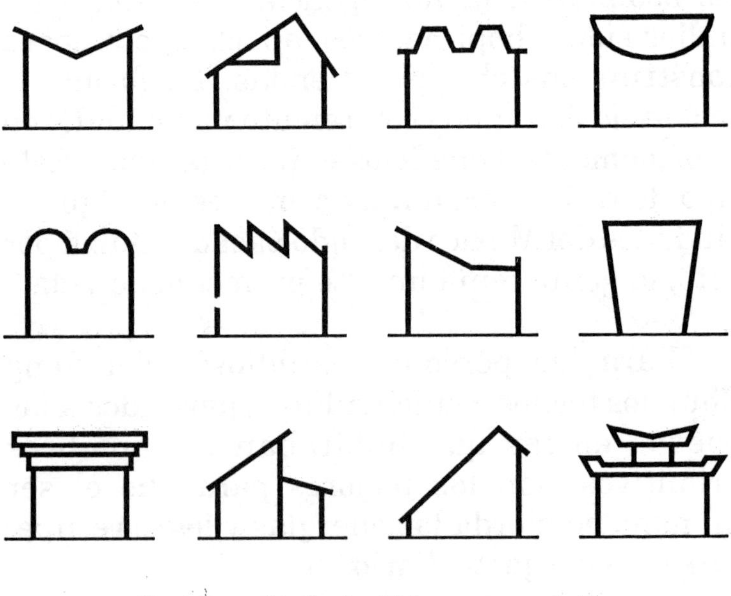

Formas desfavorables para vivir

Actualmente, las casas suelen tener tan variadas formas, que cualquier persona que conozca el Feng Shui, podrá decir claramente la manera en que viven las personas que habitan ciertas casas.

Una forma desfavorable de techos que desequilibra la salud, incide en el sistema nervioso y aumenta la tensión de las personas que ahí viven, son los cuadrados o los que tienen forma de pirámide invertida.

Los techos cuadrados amalgaman y bloquean algunas radiaciones en ciertas zonas de alta concentración humana. Las radiaciones eléctricas y geomagnéticas emanadas de la Tierra, no sólo afectan al hombre, también lo hacen sobre animales y plantas. Un claro ejemplo de esto, es cuando vemos como una árbol parece querer alejarse de la zona y crece completamente chueco. Si cerca de su hogar u oficina encuentra un árbol torcido, estará recibiendo influencias anómalas de la Tierra. Además de estas malas radiaciones de la Tierra, nosotros podemos producirnos efectos dañinos cuando tenemos en nuestra casa máscaras africanas, estatuas de dudosa procedencia, cuadros abstractos, platos parabólicos colgados de nuestra pared, etc.

Los techos semicirculares o abovedados son los ideales para una construcción. Los esquimales, que desde hace muchos años han construido sus iglúes en esta forma, conocían perfectamente la influencia de las radiaciones que recibe el hombre del exterior y la forma correcta de aminorar sus efectos.

Si llegas a contar con techos cuadrados, la manera de "curarlo", es colocar una veleta —por lo menos— colgada del techo, y en la contraparte una bandera en la parte exterior del techo. También, es conveniente suavizar las esquinas de las paredes y los techos tratando de que estos queden en forma redonda.

PALABRAS FINALES

Esto que acabas de leer, es sólo una pequeña parte de todo lo que es la filosofía y el arte del Feng Shui. Si la aplicas a tu vida diaria, en tu casa y en tu trabajo o negocio, verás que los resultados no se harán esperar.

Piensa que lo que tienes en tus manos, le llevó a la cultura china millones de años. No desperdicies más el tiempo con soluciones mágicas o de dudosa efectividad.

Te invitamos a que veas en tu ciudad o en fotografías las edificaciones de lugares tan importantes o de tan buena fortuna, y verás que el Feng Shui está presente.

Miles de personas en todo el mundo han adoptado esta ciencia, y están logrando enormes beneficios. ¿Por qué no lo intentas? Tienes en tus manos las herramientas necesarias para convertir tu hogar o lugar de trabajo, en un lugar armónico con la naturaleza y con todas las energías que de ella emanan.

BIBLIOGRAFÍA

SPEAR, William. Feng Shui.
Editorial Océano. México, D. F. 1996. 237 pp.

BUENO, Mariano. Vivir en Casa Sana.
Ediciones Roca. Barcelona 1993. 185 pp.

LA MAYA, Jacques. Tu Casa es Tu Salud.
Editorial Sirio. Málaga 1993. 525 pp.

TOO, Lillian. Feng Shui.
Editorial Barnes & Noble Inc. Nueva York 1996. 215 pp.

WILHELM, R. Yi-Ching.
Editorial Tomo Dos. México 1995. 383 pp.

KOCH, R. El Libro de los Símbolos.
Editorial Tomo Dos. México 1992. 130 pp.

JUNG, C. G. El Hombre y sus Símbolos.
Editorial Aguilar. 1966. 320 pp.

MOINE, Michel. La Radiestesia.
Ediciones Roca. 1973. 320 pp.

ÍNDICE

TÍTULO DE ESTA COLECCIÓN

Brujería. *Tamara*

Guía Práctica para Equilibrar tu Casa. Feng Shui. *M. A. Garibay*

Los Aromas y su Magia. *Fils du Bois*

Las Velas y su Magia. *Feu du Bois*

Los Inciensos y su Magia. *Fils du Bois*

Aceites y Velas Angélicas. *Fils du Bois*

Magia Blanca. Pequeño recetario de hechizos y conjuros. *Tamara*

Los Colores y su Magia. *Fils du Bois*

Nuestro Arco Iris... el Aura. *L. H. Rutiaga*

El Tarot. Sus claves y secretos. *Rut-Gar*

Tratado de las Artes Adivinatorias. *Anthony Tate*

Pentagrama Esotérico. *Filius Nemus*

La Fuerza de los Talismanes y Amuletos. *L. Cecil*

Los Secretos del Péndulo. *Ralph Rutti*

Los Magnetos. *L. H. Rutiaga*

El Libro de los Símbolos. *Koch R.*

Este libro se terminó de imprimir
en los talleres de Castillo
y Asociados Impresores,
Camelia 4, col. El Manto,
México, D.F.